Dónde vive la gente

Kristy Stark, M.A.Ed.

Asesora

Mabel Huddleston
Distrito Escolar Unificado de Tustin

Créditos de publicación

Rachelle Cracchiolo, M.S.Ed., *Editora comercial*
Conni Medina, M.A.Ed., *Gerente editorial*
Emily R. Smith, M.A.Ed., *Realizadora de la serie*
June Kikuchi, *Directora de contenido*
Caroline Gasca, M.S.Ed, *Editora superior*
Susan Daddis, M.A.Ed., *Editora*
Sam Morales, M.A., *Editor asociado*
Courtney Roberson, *Diseñadora gráfica superior*
Jill Malcolm, *Diseñadora gráfica básica*

Créditos de imágenes: pág.9 cortesía de The New York Public Library; pág.17 cortesía de The Library of Congress LC-USF34-054438-E; pág.24 (izquierda) Jason Barles; p.24 (derecha) Allan Hack; todas las demás imágenes de iStock y/o Shutterstock.

Library of Congress Cataloging-in-Publication Data

Names: Stark, Kristy, author.
Title: Donde vive la gente / Kristy Stark.
Description: Huntington Beach, California : Teacher Created Materials, [2018]
| Audience: K to Grade 3. | Text is in Spanish. | English language version
published: Huntington Beach, California : Teacher Created Materials, [2018], under title Where people live. |
Identifiers: LCCN 2018022162 (print) | LCCN 2018033963 (ebook) | ISBN 9781642901269 (ebook) | ISBN 9781642901108 (paperback)
Subjects: LCSH: Human geography--United States--Juvenile literature. | Dwellings--United States--Juvenile literature.
Classification: LCC GF48 (ebook) | LCC GF48 .S7218 2018 (print) | DDC 304.2--dc23
LC record available at https://lccn.loc.gov/2018022162

Teacher Created Materials
5301 Oceanus Drive
Huntington Beach, CA 92649-1030
www.tcmpub.com
ISBN 978-1-6429-0110-8
© 2019 Teacher Created Materials, Inc.
Printed in China
Nordica.092018.CA21801136

Contenido

Una nación, muchos lugares para vivir

Estados Unidos tiene muchos lugares para vivir. Hay playas y acantilados. Hay campos y colinas. Hay pueblos pequeños y también ciudades grandes.

La gente vive en todos estos lugares. ¿Pero por qué la gente vive donde vive? ¿Qué hace que una persona elija vivir cerca de grandes campos en lugar de altos edificios?

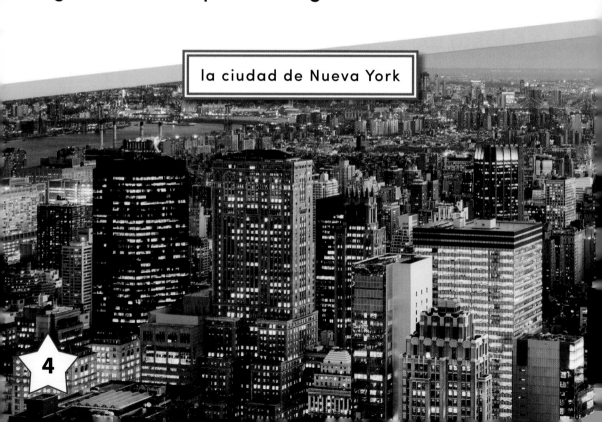

la ciudad de Nueva York

4

La vida en la ciudad

Mucha gente decide vivir en grandes ciudades. La ciudad de Nueva York es grande. ¡Allí vive más gente que en cualquier otra ciudad de Estados Unidos!

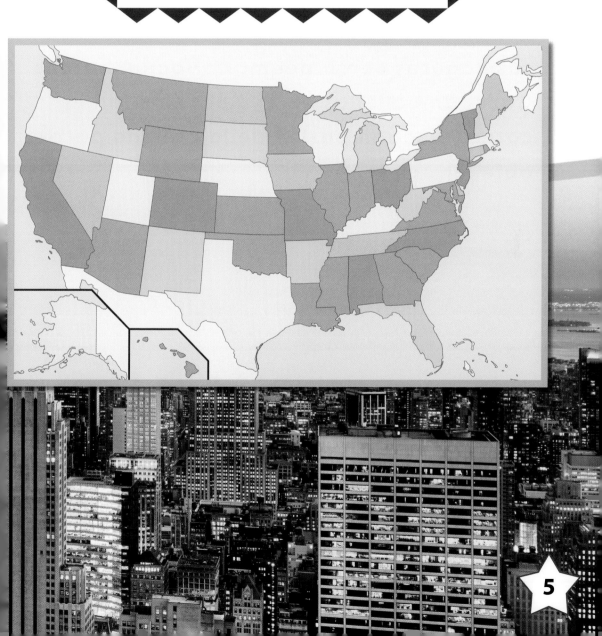

Vivir de la tierra

Algunas personas deciden vivir junto a los **accidentes geográficos**. Los indígenas estadounidenses fueron el primer pueblo de Estados Unidos. Algunas **tribus** construían sus hogares cerca del mar. Hacían barcos. Cazaban ballenas en el mar. Comían la carne. Usaban partes de la ballena para obtener aceite.

Amor por la naturaleza

Los indígenas estadounidenses mostraron a la gente una forma de pensar diferente. Tenían respeto por la tierra. Pescaban y cazaban solo lo que podían comer y usar. Algunas tribus daban las gracias a las plantas y a los animales por proveerlos de alimento.

Los indígenas estadounidenses usaban redes o lanzas para pescar.

7

Entonces, vino gente de otras naciones.
Primero vivieron en la costa. Pero querían
más tierras. Se trasladaron más cerca de
los bosques y los ríos. Hacían sus casas
con troncos. Cazaban bisontes, ciervos
y castores. Vendían o intercambiaban
las pieles.

Los colonos usaban troncos del bosque para construir sus hogares.

Los colonos cazaban bisontes para obtener su piel y su carne.

La vida en la ciudad

Más gente se trasladó a Estados Unidos. Esperaban tener una vida mejor. Algunas personas se quedaron en las ciudades cuando llegaron. Al principio, estos nuevos lugares les daban miedo. Pero encontraron hogares cerca de personas de sus naciones de **origen**. Eso las puso cerca de otras personas que hablaban los mismos idiomas. Compartían las mismas **costumbres**. Así se sentían más seguros.

Algunas personas viajaron en barcos a Estados Unidos.

La gente de China se instaló en vecindarios cerca unos de otros.

La gente encontró trabajo. Algunas personas cosían ropa. Otras trabajaban con acero en fábricas. Había puestos de trabajo en tiendas que vendían estas cosas. Algunas ciudades se llenaron de gente.

Así que, la gente se trasladó al oeste. Construyeron más ciudades. Se crearon más puestos de trabajo. Había trabajo en la minería. La gente también trabajaba en los ferrocarriles. La nación creció.

Las mujeres en las ciudades cosían ropa en talleres.

Diversión y juegos

Los niños jugaban con juguetes hechos en casa. Entonces, las fábricas empezaron a hacer juguetes. La gente podía comprar trenes de juguete. Se inventaron los crayones. Se fabricaban bicicletas más seguras. Más familias podían comprarlas.

El ferrocarril transportaba mercancías y personas mucho más rápido que antes.

La vida en el campo

Algunas personas querían más tierras. Así que, se trasladaron a las **Llanuras** y pusieron granjas. Los granjeros cultivaban trigo y maíz. Estos cultivos crecían bien en esta región. Los veranos eran largos y calurosos. Los inviernos podían ser muy fríos.

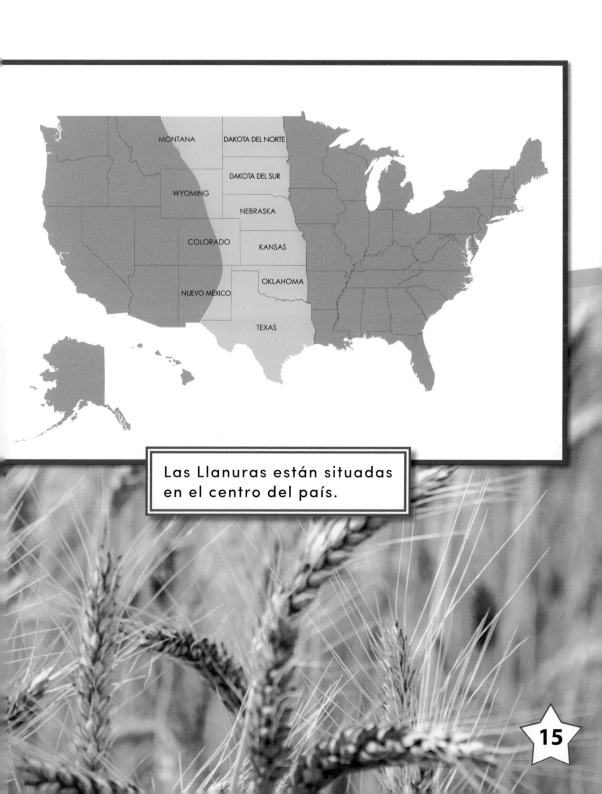

MONTANA
DAKOTA DEL NORTE
DAKOTA DEL SUR
WYOMING
NEBRASKA
COLORADO
KANSAS
OKLAHOMA
NUEVO MÉXICO
TEXAS

Las Llanuras están situadas en el centro del país.

Algunas personas se trasladaron al Sur. El **clima** allí era cálido. Los inviernos eran suaves. Algunos granjeros en el Sur plantaron mucho algodón. Otros plantaron tabaco. Algunos de los granjeros se hicieron ricos.

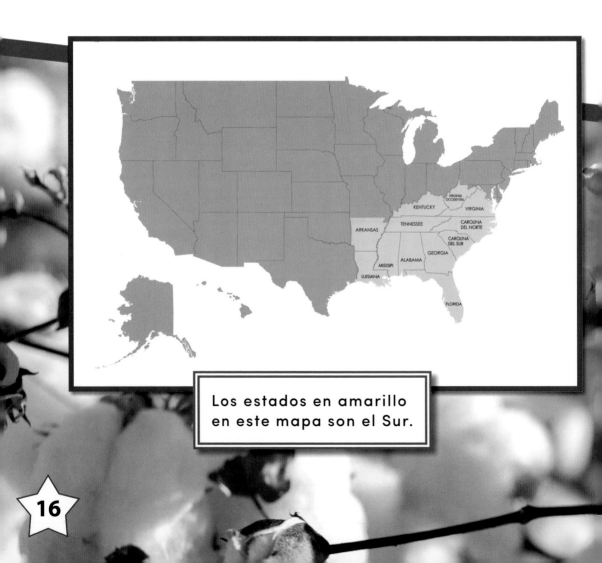

Los estados en amarillo en este mapa son el Sur.

Qué ponerse

En el Sur, los veranos son **húmedos**. Por eso la gente lleva ropa ligera y holgada. Con este tipo de ropa se mantienen frescos. La gente que trabaja al aire libre lleva pantalones largos y manga larga. Quieren cubrir la mayor parte del cuerpo posible. Hacer esto los protege del sol.

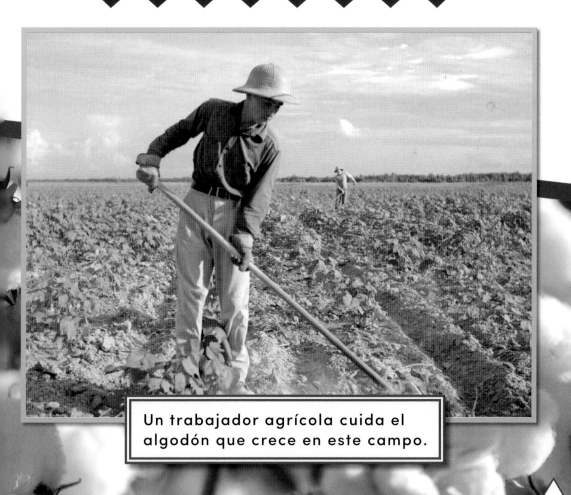

Un trabajador agrícola cuida el algodón que crece en este campo.

17

Crear un hogar

Estados Unidos es grande. Tiene muchos lugares para vivir. La gente se traslada de un lugar a otro según sus estilos de vida. Los indígenas estadounidenses fueron los primeros en vivir aquí. Vivían de la tierra. Después, vinieron los **inmigrantes**. Construyeron ciudades. Algunas personas decidieron vivir en estas ciudades. Otras se trasladaron al campo. Todos estos son factores en cómo ha crecido la nación.

¡Haz un libro de recortes!

Piensa en los tipos de lugares donde vive la gente. ¿Cuáles son las características de esos lugares? ¿Qué tipo de ropa lleva la gente allí?

Elige dos tipos de lugares para vivir. Haz una página de tu libro de recortes para cada uno. Recorta o haz dibujos de esos lugares. Muestra los tipos de accidentes geográficos, de ropa o de tiempo que hay allí.

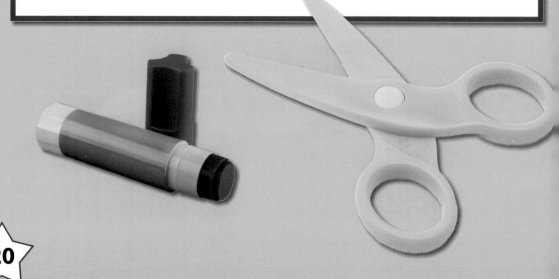

Glosario

accidentes geográficos: áreas naturales especiales o distintivas

clima: el tiempo atmosférico en un lugar, que se repite de la misma manera

costumbres: maneras habituales como la gente hace cosas

húmedos: que hay mucho vapor de agua en el aire

inmigrantes: personas que llegan a un país para vivir allí

Llanuras: una región en el centro de Estados Unidos

origen: lugar en el que ha nacido una persona

tribus: grupos de indígenas que tienen las mismas costumbres, creencias e idioma

Índice

¡Tu turno!

Observa las dos fotos. Piensa en cómo tu ropa, tu comida y tu hogar serían iguales o diferentes en estos dos lugares. Dibuja un diagrama de Venn. Escribe palabras en los espacios para mostrar tus ideas.